Los sistemas esquelético y muscular

¿Cómo puedo pararme de cabeza?

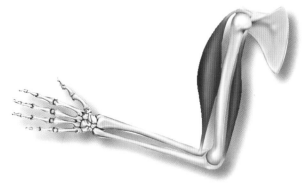

Sue Barraclough

Heinemann Library
Chicago, Illinois

© Heinemann Library 2008
a division of Pearson Inc.
Chicago, Illinois

Customer Service 888-454-2279

Photo research by Hannah Taylor and Maria Joannou
Designed by Debbie Oatley and Steve Mead
Printed and bound in China by South China Printing Company
Translation into Spanish by DoubleO Publishing Services

ISBN-10: 1-4329-2054-5 (hc) – ISBN-10: 1-4329-2060-X (pb)
ISBN-13: 978-1-4329-2054-8 (hc) – ISBN-13: 978-1-4329-2060-9 (pb)

12 11 10 09 08
10 9 8 7 6 5 4 3 2 1

Library of Congress Cataloging-in-Publication Data

Barraclough, Sue.
    [The skeletal and muscular systems. Spanish]
    Los sistemas esqueletico y muscular : como puedo pararme de cabeza? / Sue Barraclough.
        p. cm. – (Sistemas del cuerpo)
    Includes index.
    ISBN 978-1-4329-2054-8 (hardcover) – ISBN 978-1-4329-2060-9 (pbk.) .
    1. Musculoskeletal system–Juvenile literature. 2. Posture, Inverted–Juvenile literature. I. Title.
    QM100.B3718 2008
    612.7–dc22
                        2008032136

Acknowledgements
The publishers would like to thank the following for permission to reproduce photographs: ©Alamy p.**28** (Jupiterimages, BananaStock); ©Corbis pp.**20** (Adrees Latif, Reuters), **6** (Bill Schild), **5** (Dimitri Iundt, TempSport), **24** (image100, Russell Glenister), **14** (John and Lisa Merrill), **26** (Newsport, Steve Boyle); ©Getty Images pp.**4** (Digital Vision), **8** (Photonica), **17** (Riser), **11** (Stock4B), **13**, **22**, **25** (Stone); ©Science Photo Library p.**19** (Steve Gschmeissner).

Cover photograph of a child doing a headstand reproduced with permission of ©Alamy (Jupiterimages, BananaStock).

Every effort has been made to contact copyright holders of any material reproduced in this book. Any omissions will be rectified in subsequent printings if notice is given to the publishers.

Contenido

Algunas palabras aparecen en negrita, **como éstas**.
Puedes averiguar sus significados en el glosario.

¿Qué es mi esqueleto?

Tu esqueleto le da la forma a tu cuerpo. Está formado por más de 200 huesos diferentes. Los huesos son el **soporte** de tu cuerpo. También **protegen** partes blandas de tu cuerpo, como el corazón y los pulmones.

⬆ **Esta imagen fue tomada con una máquina de rayos X. Muestra los huesos que se encuentran debajo de tu piel.**

Esta gimnasta demuestra cómo puede doblar su esqueleto.

Los huesos están compuestos de **minerales** duros, como el **calcio**. Un mineral es una sustancia que tu cuerpo necesita para mantenerse sano. El calcio ayuda a fortalecer tus huesos. Alimentos como la leche y el queso contienen calcio.

¿Qué hacen mi cráneo y mi columna vertebral?

Tu columna vertebral es fuerte, para sostener tu cabeza. También es **flexible**, para permitir que te muevas.

Tu cráneo es un grupo de huesos que rodean el **cerebro** y lo **protegen**. Tu cráneo está conectado a la columna vertebral.

Tu columna vertebral está formada por una gran cantidad de pequeños huesos que se articulan entre sí a lo largo de tu espalda. Estos huesos permiten que la columna vertebral se doble y gire. Tu columna vertebral protege las partes blandas que conectan el cerebro con el resto de tu cuerpo.

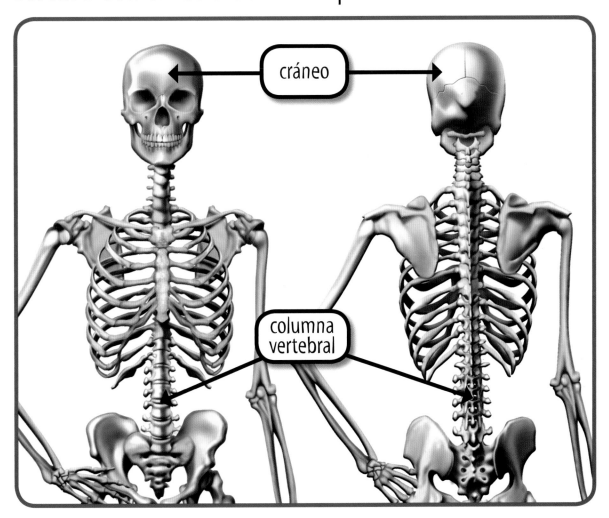

cráneo

columna vertebral

7

¿Qué son mis costillas?

Tus costillas son un grupo de huesos que se encuentran en el pecho. Forman una caja muy resistente que **protege** los **órganos** blandos, como el corazón y los pulmones. Los órganos son partes de tu cuerpo que cumplen funciones específicas.

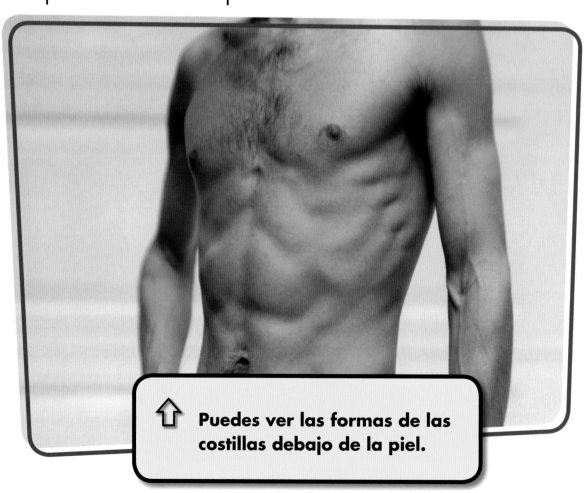

⇧ **Puedes ver las formas de las costillas debajo de la piel.**

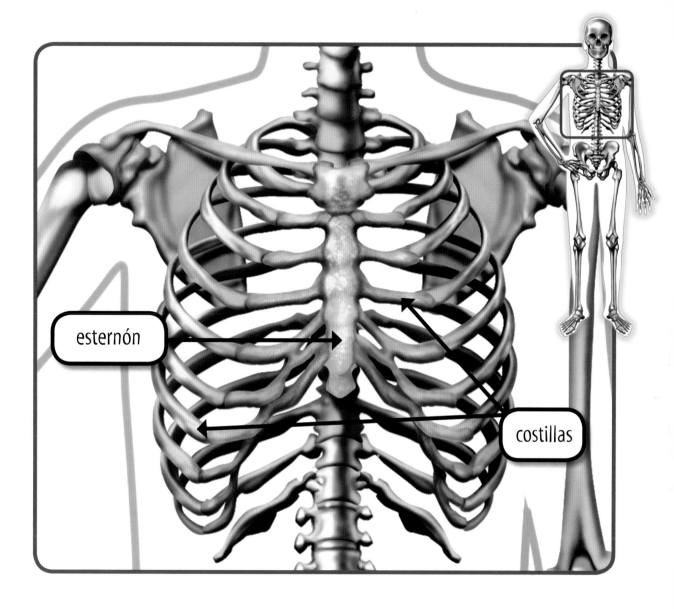

esternón

costillas

Tus costillas se conectan a la columna vertebral en la espalda. Se doblan para unirse al hueso largo que tienes en el medio de tu pecho y que se llama esternón.

¿Qué son mis brazos?

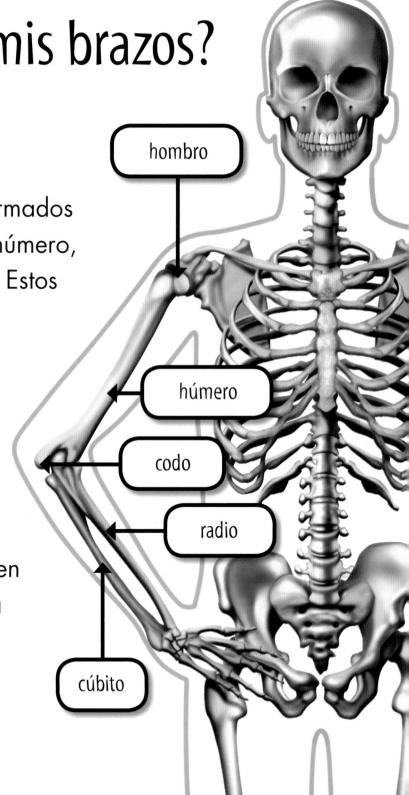

hombro

Tus brazos están formados por tres huesos: el húmero, el radio y el cúbito. Estos huesos se unen a la altura del codo. El codo es una **articulación**. Una articulación es donde se unen dos o más huesos. Tus brazos se pueden mover y doblar a la altura del codo.

húmero

codo

radio

cúbito

Tus hombros unen tus brazos con el resto del cuerpo. Tu hombro se articula en una cavidad esférica. Esto significa que la parte redondeada de un hueso se asienta en el hueco esférico de otro hueso (cavidad). Tu brazo puede moverse a la altura del hombro en muchas direcciones distintas.

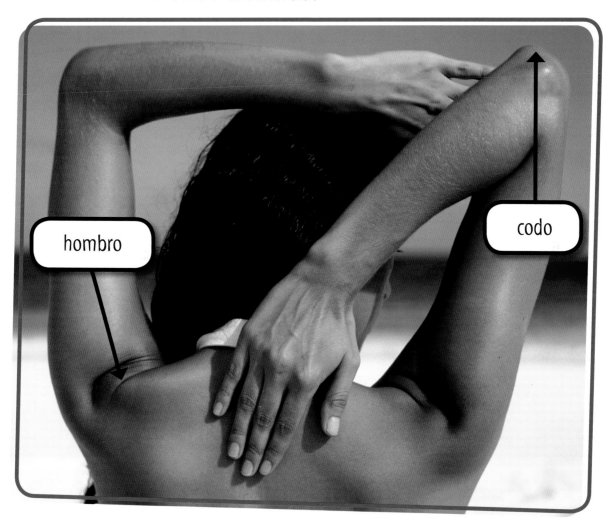

hombro

codo

¿Qué pueden hacer mis manos?

Tus manos se unen a tus brazos por las **articulaciones** de las muñecas. Tus manos están formadas por una gran cantidad de pequeños huesos que permiten que se muevan y doblen con gran facilidad.

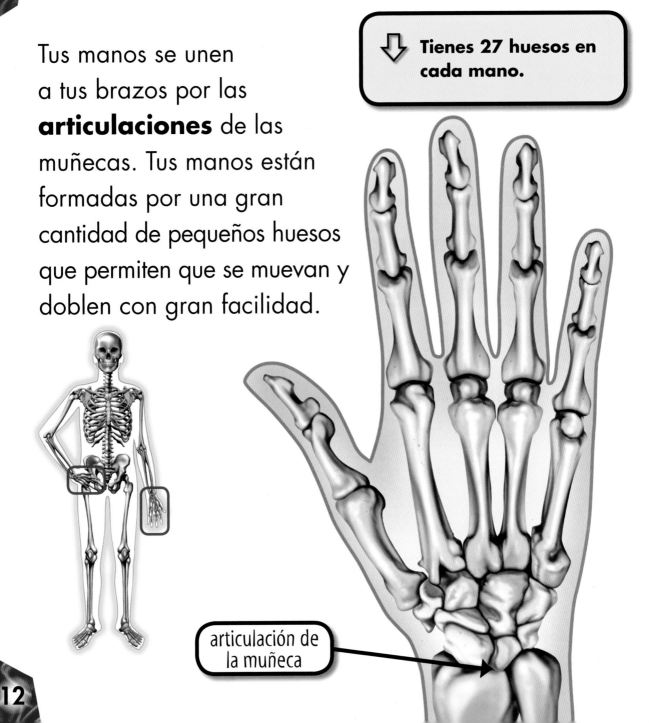

⬇ **Tienes 27 huesos en cada mano.**

articulación de la muñeca

Las manos pueden enhebrar una aguja con movimientos suaves y delicados.

Las manos pueden hacer muchos movimientos diferentes. Puedes apretar tu mano con mucha fuerza para sujetar algo con firmeza. Puedes juntar los dedos para recoger algo del suelo.

¿Qué son mis piernas?

⬆ **Los huesos de las piernas deben ser fuertes para ayudarte a correr, saltar y trepar.**

Los huesos de tus piernas son resistentes para **soportar** el peso de tu cuerpo. El hueso que se encuentra en la parte superior de tu pierna se llama fémur. Es el más largo del cuerpo.

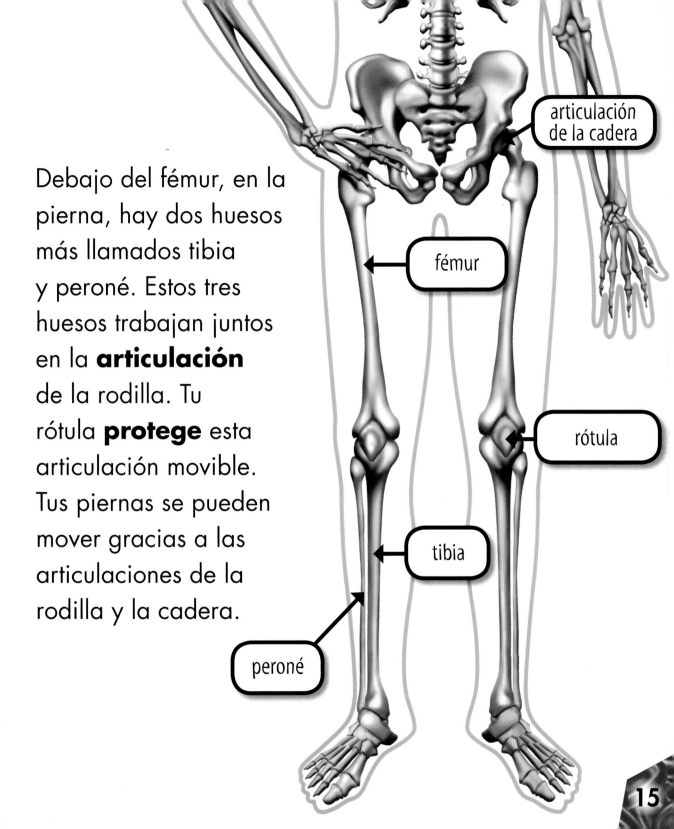

Debajo del fémur, en la pierna, hay dos huesos más llamados tibia y peroné. Estos tres huesos trabajan juntos en la **articulación** de la rodilla. Tu rótula **protege** esta articulación movible. Tus piernas se pueden mover gracias a las articulaciones de la rodilla y la cadera.

articulación de la cadera

fémur

rótula

tibia

peroné

15

¿Qué pueden hacer mis pies?

Tus pies están unidos a tus piernas por la **articulación** del tobillo. Están formados por una gran cantidad de huesos muy pequeños.

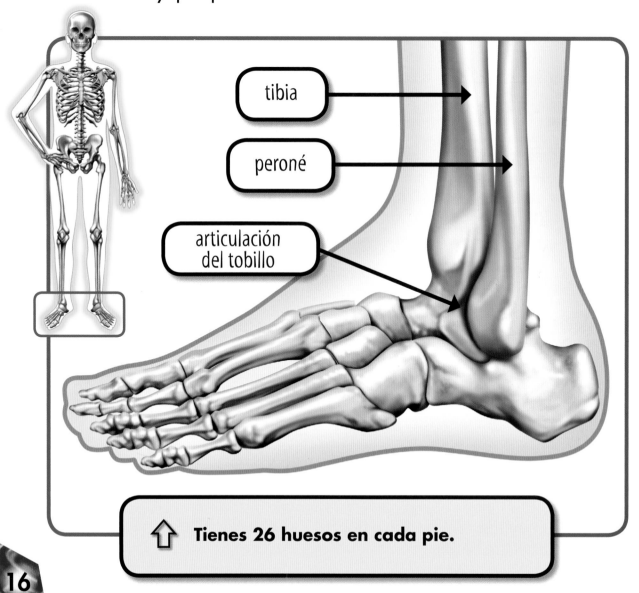

tibia

peroné

articulación del tobillo

⇧ **Tienes 26 huesos en cada pie.**

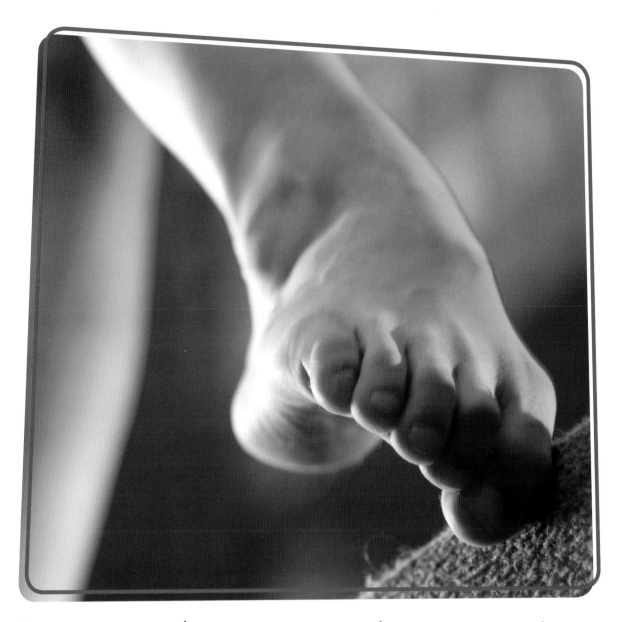

Tus pies te ayudan a mantenerte de pie y no perder el equilibrio. Los pequeños huesos de tus pies también permiten que se doblen y se estiren. Esto te ayuda a desplazarte de un lado a otro.

¿Qué son los músculos?

Los **músculos** son partes fuertes del cuerpo que pueden estirarse y acortarse. La mayoría de los músculos te ayudan a mover tu cuerpo. Otros tipos de músculos mantienen los **órganos** de tu cuerpo en funcionamiento.

> Estos músculos te ayudan a mover tu rostro.

> Estos músculos te ayudan a mover tu brazo.

18

Casi todos los músculos están constituidos por **fibras** elásticas. Las fibras son partes largas y delgadas semejantes a bandas elásticas. Las fibras hacen que tus músculos sean más fuertes. Cuando un músculo se tensa, se **contrae**. Tus músculos se contraen o relajan para mover las distintas partes del cuerpo.

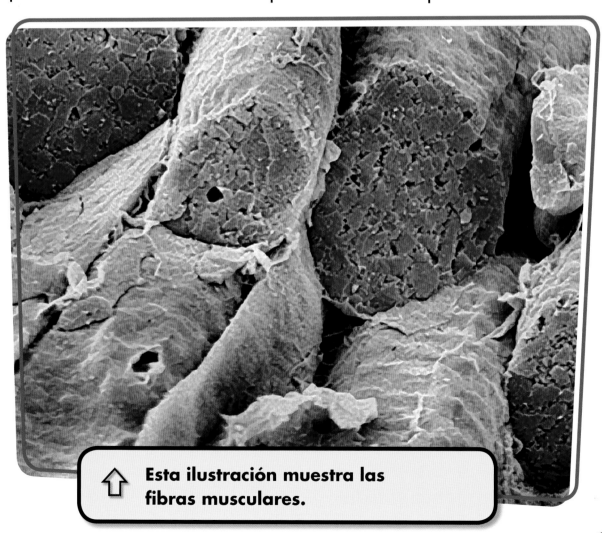

⬆ **Esta ilustración muestra las fibras musculares.**

¿Cómo trabajan en conjunto mis huesos y músculos?

Tus huesos necesitan de los **músculos** para poder moverse. Los músculos ayudan a tus huesos a girar e inclinarse. También te ayudan a estirar los brazos para alcanzar cosas.

Los **tendones** son partes fuertes de tu cuerpo que unen tus músculos a tus huesos.

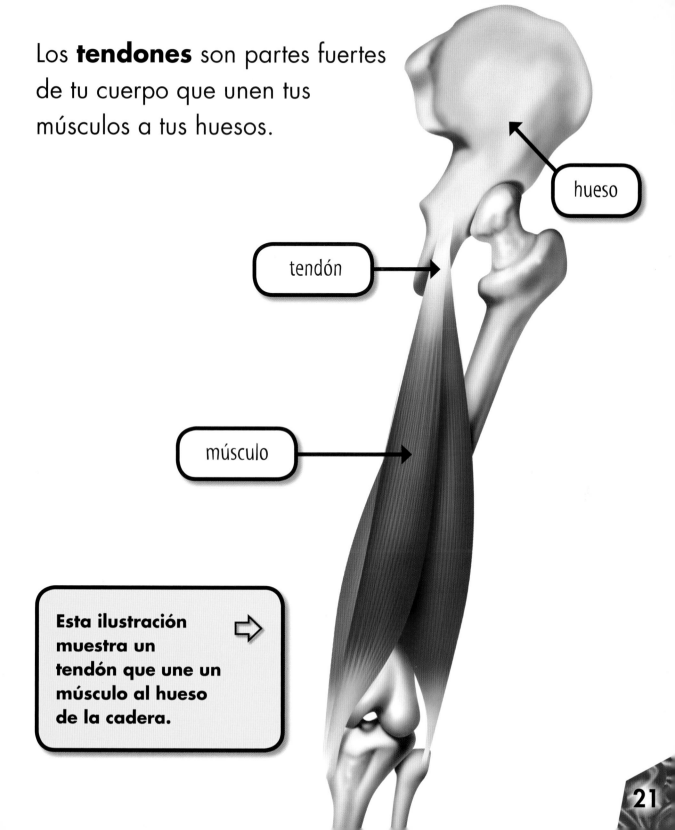

hueso

tendón

músculo

Esta ilustración muestra un tendón que une un músculo al hueso de la cadera.

21

¿Cómo se mueven mis brazos?

Los músculos de tus brazos trabajan en conjunto para que tus brazos se flexionen.

Dos **músculos** en la parte superior de tus brazos permiten flexionarlos a la altura del codo. Estos músculos se llaman bíceps y tríceps. El bíceps levanta el brazo y el tríceps lo hace descender nuevamente.

Los músculos trabajan en pareja para mover tus huesos. Un músculo tira de un hueso en una dirección. Luego, se relaja mientras que otro músculo tira en la dirección contraria.

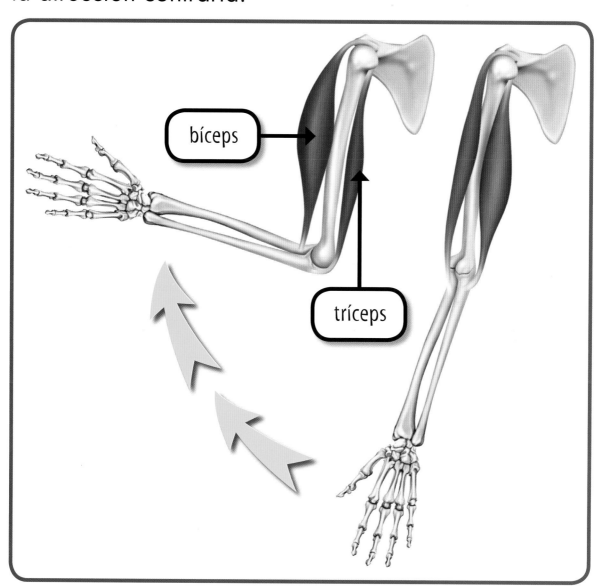

bíceps

tríceps

¿Qué hacen mis distintos músculos?

El **músculo** más fuerte de tu cuerpo es el músculo de la mandíbula (músculo masetero). Es pequeño pero puede presionar tus maxilares con mucha fuerza. Hay otros músculos en tu cabeza que te ayudan a parpadear, sonreír o asentir con la cabeza.

Este escalador usa los músculos de sus brazos en conjunto con los de su pecho y espalda para escalar.

Los músculos más grandes del cuerpo trabajan en conjunto. Te ayudan a realizar distintas acciones, como sentarte en una silla o subir una escalera.

Los sistemas esquelético y muscular

Tus **músculos** están unidos a los huesos de tu esqueleto por medio de **tendones**. En conjunto, los huesos y los músculos forman una fuerte armazón movible para tu cuerpo.

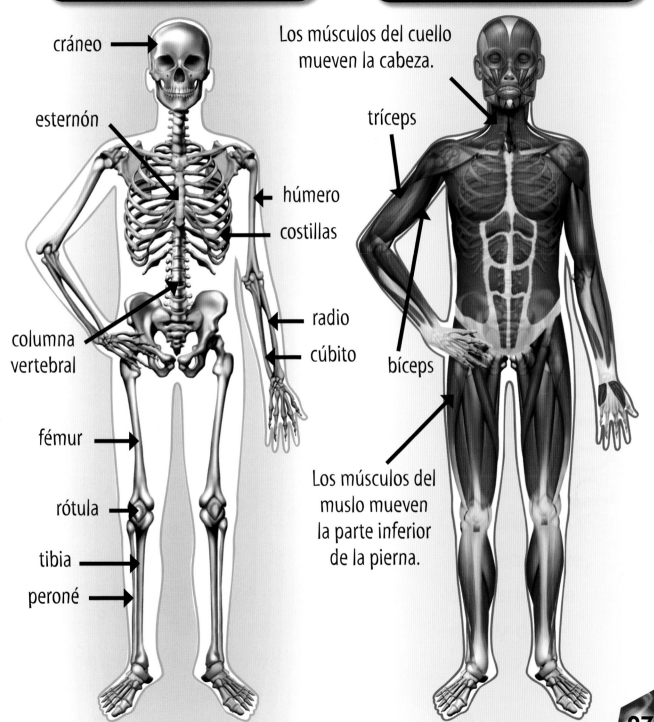

El sistema esquelético

- cráneo
- esternón
- húmero
- costillas
- columna vertebral
- radio
- cúbito
- fémur
- rótula
- tibia
- peroné

El sistema muscular

Los músculos del cuello mueven la cabeza.

- tríceps
- bíceps

Los músculos del muslo mueven la parte inferior de la pierna.

¿Cómo puedo pararme de cabeza?

Usas casi todas las partes de tu cuerpo para pararte de cabeza. Cientos de distintos **músculos** intervienen para mover las diferentes partes. Doblas tu columna vertebral para inclinar la cabeza. Empujas con tus piernas para levantarlas del suelo. Tus brazos y manos se mueven para ayudarte a mantener el equilibrio. Cuando estás de cabeza, todos tus músculos y huesos te ayudan a mantenerte derecho.

¿Sabías que…?

Los huesos se pueden quebrar pero tu cuerpo puede repararlos.

Tu **tendón** más grueso y fuerte se encuentra en el talón. Se llama tendón de Aquiles. Une los huesos del pie con el **músculo** de la pierna.

Los bebés tienen más de 300 huesos en sus cuerpos. Los adultos solamente 206. A medida que el bebé crece, muchos huesos se unen.

El hueso más pequeño del cuerpo se encuentra en el oído. Se llama estribo. Mide entre 0.12 y 0.16 pulgadas (3 a 4 mm) de largo. Es casi del tamaño de la cabeza de un clavo.

Glosario

articulación   sitio de tu cuerpo donde se unen dos o más huesos

calcio   mineral que fortalece y endurece los dientes y huesos

cerebro   órgano que se encuentra dentro de tu cráneo y que controla el pensamiento, la memoria, los sentimientos y las acciones

contraer   tensar y acortar

fibra   parte del cuerpo larga y delgada

flexible   que se puede doblar sin romperse

mineral   sustancia que tu cuerpo necesita para mantenerse sano. Los minerales se pueden encontrar en algunos alimentos.

músculo   parte de tu cuerpo que se contrae (tensa) y se relaja para mover un hueso u otra parte del cuerpo

órgano   parte de tu cuerpo que cumple una determinada función

proteger   mantener algo a salvo

soportar   sostener algo y evitar que caiga

tendón   parte fuerte del cuerpo que une un músculo a un hueso

Averigua más

Lectura adicional

Ganeri, Anita. *Get a Move On!* London, UK:Evans, 2002.

Belov Gross, Ruth. *Un libro sobre el esqueleto.* Scholastic, 2000.

Tielman, Christian. *Conozcamos nuestro cuerpo.* Juventud, 2006.

Sitios Web

http://kidshealth.org/kid/body/bones_SW.html
Este sitio contiene mucha información acerca de los huesos y el esqueleto. Averigua de qué están compuestos los huesos, cómo crecen, cómo cuidarlos y qué alimentos comer para ayudar a mantenerlos fuertes.

http://kidshealth.org/kid/body/muscles_SW.html
Averigua acerca de los distintos músculos de tu cuerpo y sus funciones.

http://www.biology4kids.com/files/systems_skeletal.html
Averigua por qué necesitamos un esqueleto y cómo algunos animales tienen esqueletos por fuera de sus cuerpos.

http://www.harcourtschool.com/activity/skel/skel.html
Coloca los huesos en los lugares correctos para armar el esqueleto.

Índice